Message

布がとても貴重だった時代、防寒や補強の手段として刺し子は生まれました。やがて装飾的な要素が加わり、多彩な模様が登場するように。それこそがまさに用の美。過酷な状況の中でも針仕事にひそやかな愉しみを見出そうとした、いにしえの女性たちのひたむきな姿を垣間見ることができます。

この本では古くから親しまれてきた刺し子の伝統模様から、近年、注目を集めるようになった一目刺しやくぐり刺しまで、魅力的な図案を多数ご紹介。

1色刺しはもちろん、2色、3色ときれいな色の糸を組み合わせたり、布とのコーディネートを楽しんだり。思いのままに手を動かしてみませんか？　色であそぶ、糸であそぶ——。刺し子で毎日の暮らしに彩りを添えましょう。

Contents

- P.6 　籠目のふきん
- P.7 　千鳥つなぎのふきん
- P.8 　霞亀甲のふきん
- P.10　つづき山形のふきん
- P.12　一目刺しのふきん
- P.14　一目刺しとくぐり刺しのふきん
- P.16　くぐり刺しのニードルケース
- P.18　段つなぎのポーチ
- P.20　直線刺しのポットマット
- P.22　花十字刺しの針山
- P.24　一目刺しのサンプラー
- P.26　一目刺しのコースター
- P.28　十字花刺しのスタイとハンカチ
- P.30　アレンジ刺しのくるみボタン
- P.32　お花模様のミニハンカチ
- P.34　おうち模様のミニふきん
- P.36　しましま模様のミニふきん
- P.38　くるくる模様のミニふきん
- P.40　麻の葉のミニふきん
- P.42　十字刺しのパッチワーククロス・ポーチ・巾着

- P.44　この本に登場する模様図鑑
- P.46　刺し子の基礎
- P.58　HOW TO MAKE

＊本書に掲載の作品や図案を複製して、店頭やネットオークション等で販売することは禁止されています。手づくりを楽しむためにのみご利用ください。

籠目のふきん

竹籠の編み目のように見えることから、この名前がつきました。縦線と斜線で構成される、シンプルで美しい模様です。ブルーとグレーの2色で刺せば、シックな雰囲気に。縦線を先に刺してから斜線を刺すのがポイントです。

デザイン・製作／いからしさとみ（あさぎや）
HOW TO MAKE >> P.59, 60

千鳥つなぎのふきん

パズルのピースのようなユニークなモチーフは、たくさんの鳥が群れを成して空を飛んでいく様子を表現したもの。図案のベースになっている方眼の大きさによって、印象が変わります。

デザイン・製作/いからしさとみ（あさぎや）
HOW TO MAKE >>P.59, 61

生地・刺し子糸提供/オリムパス製絲

霰亀甲のふきん
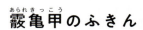

大小の亀甲を散りばめたこの図案は、まるで可憐な花のよう。茶色の布に生成りの糸で刺して、やさしい雰囲気に仕上げました。縦の線を先に刺してから、横の線をジグザグに刺します。

デザイン・製作／いからしさとみ（あさぎや）
HOW TO MAKE >>**P.59, 62**

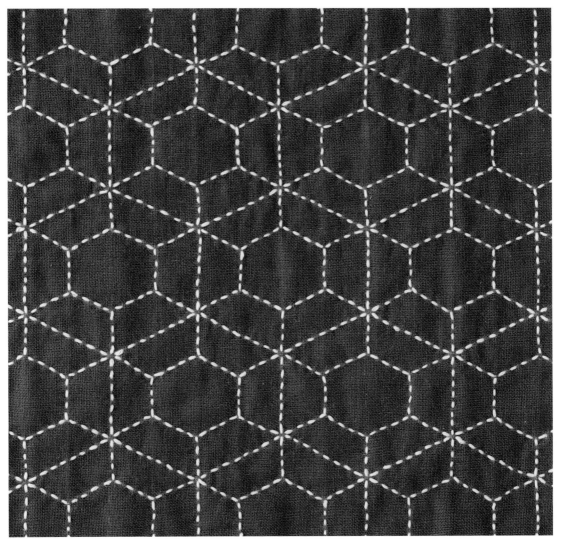

生地・刺し子糸提供／オリムパス製絲

つづき山形のふきん

ジグザグ模様の重なりが、連なる山々を思わせます。一見複雑に見えますが、縦・横それぞれに同じ模様を繰り返し刺すだけ。角をしっかり出すのが、きれいに刺すコツです。

デザイン・製作／いからしさとみ（あさぎや）
HOW TO MAKE >>P.59, 63

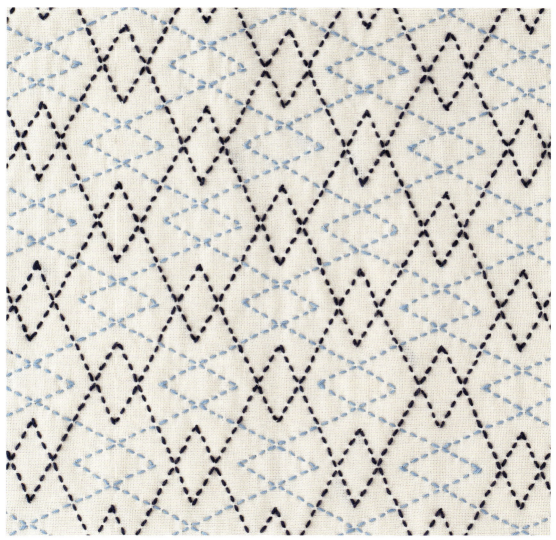

生地・刺し子糸提供／オリムパス製絲

一目刺しのふきん

紫×ピンクでアジサイの花を、グリーンで葉を表現した華やかなデザイン。十字と四角を交互につないだシンプルなモチーフですが、余白の取り方や色づかいで洗練された印象に。

デザイン・製作／
いからしさとみ（あさぎや）
HOW TO MAKE >>
P.56, 59, 64

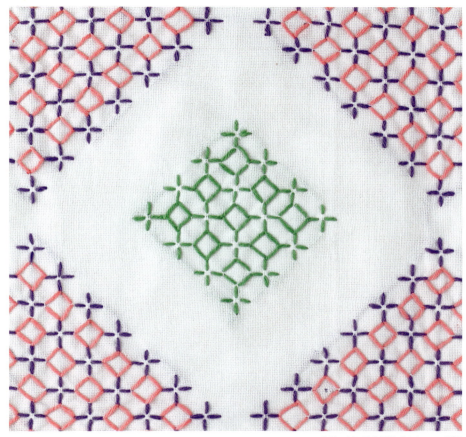

生地・刺し子糸提供／オリムパス製絲

一目刺しと
くぐり刺しのふきん

3種類の模様を黄、オレンジ、グリーンのビタミンカラーで刺した、サンプラー風のふきん。くぐり刺しの円状の部分は1カ所で針を出し入れし、布の間に針を通して次の円へと進みます。

デザイン・製作／いからしさとみ（あさぎや）
HOW TO MAKE >> P.59, 65

刺し子糸提供／オリムパス製絲

くぐり刺しのニードルケース

ベースの針目に、上下交互に糸をくぐらせていくだけ。波状の糸の重なりが、スモッキング刺しゅうを思わせます。「印つけが面倒」という方は、ギンガムチェックの布に刺すのもおすすめ。

デザイン・製作／いからしさとみ（あさぎや）
HOW TO MAKE >> P.57, 66

裏布にフェルトを縫いとめた、ブック型のデザイン。縫い針やまち針を安全に持ち運ぶことができます。

長方形の布をジグザグに折り、裏布を重ねて上下を縫うだけ。両側にはこまごまとしたものを入れておけるポケットも。

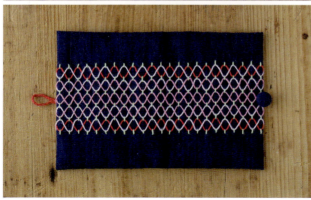

一段ごとに色を替えてグラデーションに。ベースの針目にアクセントカラーを選ぶと、全体が引き締まります。

段つなぎのポーチ

縦と横の針目だけで構成された階段状の模様は、一目刺しの中でも最もシンプルな図案の一つ。角をきれいに出すのが美しく仕上げるコツ。縦横を2色で刺し分けると、メリハリが出ます。

デザイン・製作／絢工房
HOW TO MAKE >>**P.68**

裏布は横糸と同じ色にすると、フラップを閉じたときにチラリと見えておしゃれ。シルクスナップを使うとデザインのジャマになりません。

刺し子糸提供／本舗 飛騨さしこ

直線刺しのポットマット

布合わせが楽しいパッチワークのポットマット。布をすべてつなぎ合わせてから、1cm間隔で線刺しをします。限りなく黒に近い濃紺の25番刺しゅう糸は、どの色にもなじみやすく、全体を調和させる効果も。

デザイン・製作／絢工房
HOW TO MAKE >>P.70

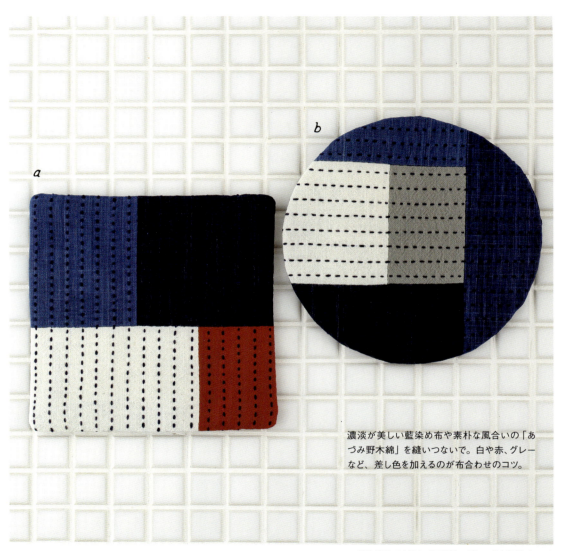

濃淡が美しい藍染め布や素朴な風合いの「あづみ野木綿」を縫いつないで。白や赤、グレーなど、差し色を加えるのが布合わせのコツ。

生地提供／オリムパス製絲　刺しゅう糸提供／DMC

花十字刺しの針山
(はなじゅうじ)

「+」と「−」をつないだこの模様は、山形県庄内地方に伝わる伝統模様の一つ。「花十字」の名前で親しまれています。古布を染めて再利用したり、布柄を生かしてランダムに刺したりと、アレンジを楽しんで。

デザイン・製作／飯塚咲季（カエルトープ・お針屋 艸絲）
HOW TO MAKE >>P.72

刺し子糸提供／横田　木製カップ／キトリ製作所

23

手縫い糸提供／横田

一目刺しのサンプラー

一目刺しの伝統模様を少しずつ集めて、赤い手縫い糸で刺しました。「十字花刺し」はところどころにアレンジを加えて表情のあるデザインに。目の詰まり具合など、全体のバランスをみながら配置を決めます。

デザイン・製作／かとう じゅんこ（uchicosashico）
HOW TO MAKE >>P.74~77

一目刺しのコースター

張りのあるリネンに、色とりどりの糸で一目刺しの伝統模様を施したコースター。薄手のキルト芯を入れて、ふっくら仕立てて。「銭刺し」や「霰亀甲」は、裏面に出る模様を主役にするのもおすすめです。

デザイン・製作／かとう じゅんこ（uchicosashico）
HOW TO MAKE >>P.75, 78~81

刺し子糸・手縫い糸提供／小鳥屋商店、横田

27

十字花刺しのスタイとハンカチ

「十字花刺し」を2色で刺してスタイとハンカチに仕立てました。先に水色の糸で縦横に刺してから、黄色の糸で十字を刺します。刺し子をすると布が縮むので、スタイは型紙より大きめに刺して。

デザイン・製作／Maki（かもめstyle）
HOW TO MAKE >>P.82

刺し子糸提供／ホビーラホビーレ

スナップボタンは凹側だけを2カ所につけて、サイズ調整できるようにひと工夫。刺し子をしてから再度型紙を写し直すと、仕上がりがきれいに。

ハンカチには「十字花刺し」を額縁状にあしらいました。手加減で刺し子の大きさが変わるので各自調整を。裏面は肌触りのいいダブルガーゼに。

アレンジ刺しの
くるみボタン

コロンとした形が愛らしい刺し子のくるみボタンは、まるで小さな宝石のよう。ブローチにヘアアクセサリーと用途もいろいろです。b・d・e・fは「十字花刺し」をカラフルにアレンジ。

デザイン・製作／Maki（かもめstyle）
HOW TO MAKE >>P.84

刺し子糸提供／オリムパス製絲、ホビーラホビーレ

お花模様の
ミニハンカチ

野に咲く小さな花に思いを馳せながら、色とりどりの糸で刺したミニハンカチ。刺し子をする際は印の外側にしつけをかけておくと、仕上がりがきれいに。

デザイン・製作／sashikonami
HOW TO MAKE >>P.86

刺し子糸提供／小鳥屋商店、ホビーラホビーレ、横田

おうち模様のミニふきん

大小の針目を組み合わせたら、かわいいハウス形の連続模様になりました。縦、横、斜めの順に刺していきますが、交点をしっかり合わせるのが、きれいに仕上げるコツです。

デザイン・製作／sashikonami
HOW TO MAKE >> **P.88, 89**

刺し子糸提供/横田

しましま模様のミニふきん

P.18の「段つなぎ」を二重に刺したら、キュートなしましま模様に変身！ はじめに0.5㎝の針目で「段つなぎ」を刺してから、0.5㎝下にもう一度「段つなぎ」を重ねて刺します。

デザイン・製作／sashikonami
HOW TO MAKE >> P.88, 90

刺し子糸提供／横田

くるくる模様の
ミニふきん

アイデアしだいで自分だけの模様を作り出せるのが一目刺しの魅力。横と斜めの線だけで、かわいいスカラップ模様が誕生しました。色違いでたくさん刺したくなるモチーフです。

デザイン・製作／sashikonami
HOW TO MAKE >> P.88, 91

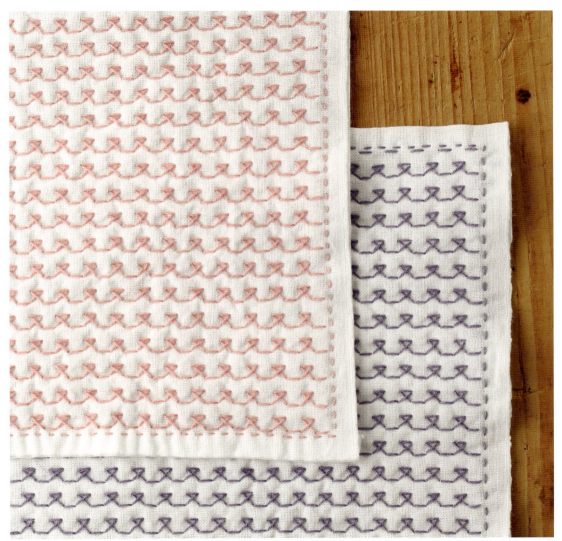

刺し子糸提供／ホビーラホビーレ

麻の葉のミニふきん

一目刺しの「麻の葉」は、繊細で可憐な印象。太口と細口、2種類の手縫い糸で刺して、表情の違いを楽しんで。裏面にできる模様も美しいので、一針一針、丁寧に仕上げましょう。

デザイン・製作／sashikonami
HOW TO MAKE >> P.75, 88

手縫い糸提供／横田

41

十字刺しのパッチワーク
クロス・ポーチ・巾着

大小の端切れを縫いつなぎ、キルティング代わりに十字模様の刺し子をプラス。表布が完成したら方眼線を引き、縦、横の順に一目刺しをします。針目はランダムなほうが表情豊かに。

デザイン・製作／sashikonami
HOW TO MAKE >> P.92〜95

刺し子糸提供／小鳥屋商店

この本に登場する模様図鑑

この本には線刺しの伝統的模様に加え、くぐり刺し（通し刺しともいう）や一目刺しなど、大きく分けて3つの技法の刺し子が登場します。さらには伝統模様をアレンジしたものや一目刺しの創作模様も。2色で刺したり、刺しゅうを加えたりと、アイデアしだいでバリエーションはさらに広がります。

伝統模様

正方形や円をベースに展開される、オーソドックスな刺し子の伝統模様。1色で刺せばシンプルで凛としたたたずまいに、2色づかいならポップで軽やかな印象に。

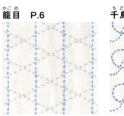
籠目　P.6

千鳥つなぎ　P.7

霰亀甲　P.8

つづき山形　P.10

くぐり刺し

ベースとなる地刺しの針目に糸をくぐらせることで、さまざまな模様が生まれます。地刺しの針目の向きを変えたり、糸の通し方を工夫したりして、アレンジを楽しみましょう。

P.14

P.16

P.31

一目刺しの伝統模様

一定の長さの針目で規則的に刺して模様を形づくる一目刺しの伝統模様は、繊細で華やかな印象。縦、横、斜めの線で模様を構成します。裏面に出る模様も魅力的です。

段つなぎ　P.18

花十字刺し　P.22

米刺し　P.24

米刺し　P.24

柿の花　P.24

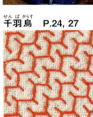
千羽鳥　P.24, 27

麻の葉　P.24, 27, 40

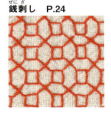
銭刺し　P.24

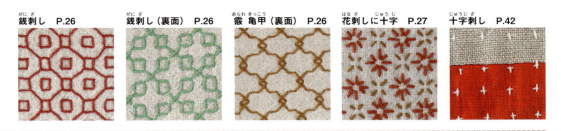

十字花刺しとそのアレンジ

一目刺しの伝統模様の中でも特に人気の高い「十字花刺し」。2色で刺したり、針目を増やしたり。
さらには刺しゅうを加えることで、アレンジの幅は広がります。

一目刺しの創作模様

縦、横、斜めの線を組み合わせるという一目刺しのルールに則って、新たな模様を生み出すことも可能です。自分だけの模様を考える工程には、パズルのような楽しさも。

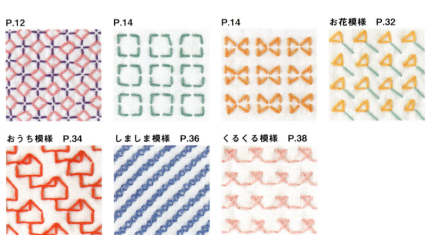

刺し子の基礎

布について

刺し子に適しているのは、針通りのよい平織りの布。ふきんに仕立てる場合は晒し木綿を使うのが一般的ですが、吸水性に富んだリネンもおすすめです。印つけが面倒な一目刺しは、市販のガイド入り刺し子布を利用すると気軽に楽しめます。

a 刺し子用木綿
ふきん1枚分にカットされた刺し子用の布。針通りがよく、初心者におすすめです。（左）「さらしもめん」約34×70㎝、(中・右)「刺し子もめん」約33×70㎝、全9色／オリムパス製絲

b ガイド入り刺し子布
「一目刺しは印つけが面倒」という方には、ガイド入り刺し子布がおすすめ。洗えば印が消えるので、仕上がりもきれい。

c 晒し木綿
手ぬぐいやおむつなどに適した、やわらかく吸水性に富んだ平織りの木綿布。布幅をそのまま生かし、2枚重ねにして使います。1反（約34㎝幅×10ｍ）で1000円前後と値段も手ごろ。

d リネン
吸水性に富み、ナチュラルな風合いのリネンは、小物づくりに最適。針通りのよい、適度な厚さのものを選びましょう。

e 木綿布
色数が豊富な木綿布は、刺し子とも好相性。「あづみ野木綿・カット布」約54×45㎝、全30色／オリムパス製絲

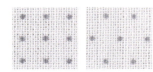

「一目刺し用ガイド付き さらしもめん」(左)「5mmドット方眼」全5色、(右)「ドット斜方眼」全2色。各約33×33㎝（白は約34×34㎝）／オリムパス製絲

0.5㎝、1㎝、10㎝の方眼がプリントされた大判サイズの木綿布。「刺し子布方眼ガイドタイプ」約108×50㎝、全4色／横田

水通しと地直しについて

リネンなど縮みやすい布は、後からゆがみが生じないように水通しと地直しをします。一晩水に浸けて軽く脱水し、半乾きまで陰干し。タテ糸とヨコ糸が直角に交わるように整えながら、裏から低温でアイロンをかけます。

糸について

布と同素材の糸を使うのが基本。ふっくら仕上げたいときは太めの糸を、繊細に仕上げたいときは細い糸を。模様の大きさや布の厚さによって糸を選びます。刺し子糸のほか、手縫い糸や25番刺しゅう糸など、好みの糸で刺しても。

a～h 刺し子糸

綿100％の刺し子専用糸。甘撚りの細い木綿糸を何本か合わせたもので、ふっくらと美しく刺し上がります。メーカーによって色味や風合いが異なるので、好みに合わせて選びましょう。単色のほかに、ぼかし（段染め）やミックスなどの多色づかいの糸も各社から発売されています。

- **a** 1束20m、単色全29色／オリムパス製絲
- **b** ＜細＞小かせ 1束40m、全20色／ダルマ（横田）
- **c** ＜合太＞小かせ 1束40m、全24色／ダルマ（横田）
- **d** 1束約85m、単色全20色／ホビーラホビーレ
- **e** 1束145m、単色全51色／本舗 飛騨さしこ
- **f** 細糸 1束約370m、単色全25色／小鳥屋商店
- **g** ＜細＞カード巻 40m、全19色／ダルマ（横田）
- **h** ＜合太＞カード巻 30m、全9色／ダルマ（横田）

i 手縫い糸

布なじみのよい綿100％の手縫い糸がおすすめ。おもにふきんを縫い合わせる際に使いますが（P.54参照）、模様を刺すときに使用すれば、より繊細な仕上がりに。（左）「ダルマ家庭糸＜細口＞」100m、全56色、（右）「ダルマ家庭糸＜太口＞」100m、全9色／横田

j 25番刺しゅう糸

6本の細い糸をゆるく撚り合せた綿100％の糸で、フランス刺しゅうなどに使われます。色数が豊富なので、好みの色で刺したいときにおすすめ。2本どり、3本どり、6本どりというふうに、図案や布に合わせて糸の本数を調整して使います。1束8m、単色は全500色／DMC

道具提供／クロバー

道具について

使いやすい道具があると作業効率がアップし、仕上がりもきれいに。必要に応じて少しずつそろえましょう。

a 針 針穴が大きく、針先のとがった刺し子用の針を使います。長い距離を縫うときは長い針が便利ですが、まずは自分の使いやすい長さを選びましょう。フランス刺しゅう針でも代用可。

b 指ぬき 針の頭を固定して運針を助けます。慣れないうちはなくても大丈夫ですが、使ったほうがきれいに刺せます。長い針を使うときは、中指のつけ根にはめて使う皿つきタイプが便利。

c・d はさみ 布を切るための裁ちばさみや、糸を切るためのにぎりばさみなど、用途に合ったものを。手になじみやすく、切れ味のよいものをそろえましょう。

e・f 定規 布に直接線を引いたり、図案を写したりするときに使います。方眼定規があると正確に線が引けます。円形から展開する図案にはサークルプレート（円定規）が便利。

g ヘラ 布に案内線を引くときに使う、和裁ではおなじみの道具。定規と併せて使います。線が残らず、仕上がりもきれい。下にカッティングマットなどを敷くとしっかり線が引けます。

h 水性チャコペン 布に直接線を引いたり、図案を写したりするときに使います。水で消えるタイプがおすすめ。

i トレーサー（鉄筆） 複写紙を使って図案を写すとき、上からなぞるのに使います。インクの出なくなったボールペンでも代用可。図案にセロハンを重ねると滑りがよくなり、図案を保護する効果も。

j 手芸用複写紙（片面） 布に図案を写すときに使います。水で消える片面タイプがおすすめ。白やピンク、黄色など、ほかの色もあるので、布の色に合わせて使い分けるとよいでしょう。

その他 トレーシングペーパー、セロハン、まち針、鉛筆、消しゴム、方眼紙・斜眼紙、コンパス、スレダー（糸通し）など、必要に応じて用意しましょう。

図案の描き方・写し方

布に図案を直接描いたり、複写紙を使うなど、いくつかの方法があります。模様や作りたい作品に適した方法を選びましょう。

◉ 布に直接線を引く方法

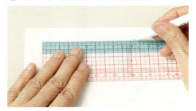

伝統模様は、チャコペンと定規を使って布に直接図案を描くとずれにくく、手間もかからない。詳しくは、P.54の千鳥つなぎのふきんの作り方を参照。

◉ ヘラで案内線を引く方法

定規とヘラの丸い部分を使って案内線（方眼など、図案を描く際に基準となる線）を引く。この線をもとにして、実際に縫うラインだけをチャコペンで描くとわかりやすい。

◉ 複写紙で図案を写す方法

布の表を上にして置き、複写紙の表を下にして重ねる。その上に図案とセロハンを重ね、ずれないようにまち針で固定する。

トレーサーで図案をしっかりなぞる。直線のときは定規を使って、曲線の場合はサークルプレートや厚紙で作った型紙を使うとスムーズ。写しもれがないか確認してから図案をはずす。

◉ 図案に布を重ねて写す方法

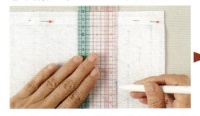

淡い色の布は図案が透けて見えるので、そのまま写すことが可能。図案に布を重ね（ふきんの場合は2枚の間に図案を挟む）、まち針で固定してからチャコペンで写す。直線は定規を使って、曲線の場合はサークルプレートや厚紙で作った型紙を使うとスムーズ。

糸の扱い方

刺し子糸は「かせ」と呼ばれる束状になっています。かせをほどいて、使いやすい長さになるよう準備しましょう。

◎ かせ糸の使い方

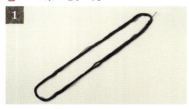
1
ラベルをはずし、かせをほどいて輪の状態にする。

2
別糸で2カ所を結ぶ。

3
輪の片側をカットする。使うときは、切った反対側の輪の部分から1本ずつ引き抜く。

◎ 糸を無駄なく使うには

1
ラベルをはずし、かせをほどいて厚紙などに巻き直す。

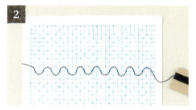
2
図案に糸を沿わせて長さを測り、10～15cmプラスして糸を切る。糸が長すぎるとからまったり、すれてきれいに仕上がらなかったりするので、図案の一番長い部分の往復分＋10cmを目安に。

◎ 糸の通し方

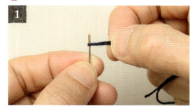
1
糸端を針の頭にかけて二つに折り、指で押さえて折り山を作る。

2
いったん針を抜き、指で押し出すようにして折り山を針穴に通す。スレダー（糸通し）を使っても。

3
糸が通ったら、10～15cmのところで折り返す。

糸始末

まずは玉結びと玉どめの作り方をおさらい。ふきんの布端を縫い合わせるときや
小ものを手縫いで仕立てるときに使います。糸を巻く回数で結び目の大きさを調節します。

◉ 玉結び（針で作る方法）

1 糸を通した針の先を人さし指の腹に当て、針の下に糸端を挟む。

2 そのままの状態をキープしながら、針先に糸を2回巻く。

3 巻いた糸を指で押さえながら、針を引き抜く。糸がゆるまないよう注意。

4 最後まで糸を引けば玉結びが完成。糸端が長くなったときは、結び目の近くで切る。

◉ 玉結び（指で作る方法）

1 左手の人さし指に糸を巻きつける（長いほうの糸が、糸端の上にくるようにする）。

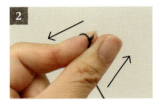
2 人さし指を手前にスライドさせて、指先から糸がはずれるまで糸をよじりながら、親指で押し出す。

3 人さし指で糸を押さえたまま、親指の腹と中指の爪に結び目を引っかけ、玉結びができるまで糸を引く。

◉ 玉どめ

1 縫い止まりの位置に針を置き、人さし指と親指で針を固定する。

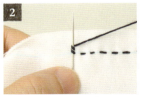
2 針の根元に糸を2回巻きつける。

3 巻いた糸がゆるまないよう、左手で押さえながら糸を引く。

4 糸端を少し残して切る。

糸玉を作らずに糸始末をする方法

ふきんなど、裏面が見える作品には、糸玉を作らないこちらの方法がおすすめです。
縫い目がごろつかないので、すっきりと仕上がります。

◎ 刺し始め

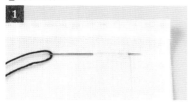

刺し始めの位置から4〜5針分先に針を入れ、刺し始めの位置に針を出す。ふきんの場合は布を1枚だけすくって、2枚の間に針を通す。

ギリギリまで糸を引く。糸が抜けないように注意して。

1針返し、布の向こう側に針を出して、布の中に渡った糸を縫いとめる。

1針返し終えたところ。

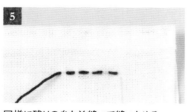

同様に残りの糸も並縫いで縫いとめる。

◎ 刺し終わり

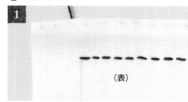

印まで縫い終えたところ。角に表から針を入れ、裏側に糸を引き出す。

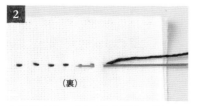

布を裏に返し、先に刺した針目に重ねて1針刺し戻る。

針目をなぞるようにして、4〜5針返し刺しをする。糸端は約1.5cm残してカットし、すべて刺し終えてから0.3cmに切りそろえる。

刺し方の基本

運針のコツを覚えるのが上達への近道。針目の大きさは決まっていませんが、
表3：裏2の割合を目安に、表側の針目を裏側より少し大きめに刺すと見栄えがよくなります。
最初はなかなか針目がそろいませんが、慣れるまで何度も練習しましょう。

◉ 指ぬきの使い方

利き手の中指の第一関節と第二関節の間に指ぬきをはめる。革の部分に針を固定し、親指と人さし指で針を持つ。

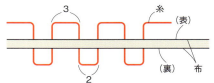

針目の長さの目安

◉ 運針のポイント

布の表側を見て刺し進める。刺し始めの数針を縫ったら、針を指ぬきに固定し、親指と人さし指で布を挟むように針を持つ。左手で布を上下に動かしながら、針が布に対して直角になるように刺し進める。

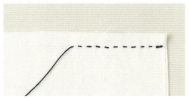

直線の場合は、一度になるべく多くの針目で一気に刺すようにすると、針目が曲がらずにきれいに刺せる。針目の長さは模様や布の厚みによって調節を。

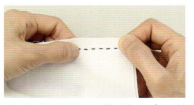

刺し始め側を押さえて、指の腹でしごいて針目をなじませることを「糸こき」という。糸こきをこまめにすることで、布がつれるのを防ぎ、ふっくらきれいな針目で刺し上がる。

◉ 刺し方のポイント

きれいに仕上げるポイントは交点に。角に針目を出すと形が整って見えますが、たくさんの線が交わる部分では、線が重ならないようにあけて刺します。下記のポイントに注意して、針目を調整しながら刺しましょう。

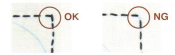

角に針を入れると模様がきれいに。糸を引きすぎると、布がつれて角がきれいに出ないので気をつけて。

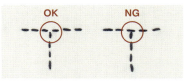

線がぶつからないように角をあけて刺す。

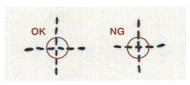

中心が交わらないようにあけて刺す。

Lesson 1　千鳥つなぎのふきん（P.7）を作ってみましょう

まずはふきんを1枚刺してみましょう。ここでは布に直接図案を描く方法を紹介します。

実物大図案は P.61
※ここではオリムパス製絲の「さらしもめん」
（約 34×70cm）を使用しています

ふきんを仕立てます

晒し木綿を布幅×2＋2cm（縫い代分）の長さに裁ち、二つ折りにする（34cm幅の晒し木綿の場合は長さ70cmに裁つ）。

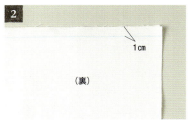

布端から1cm内側に線を引く。

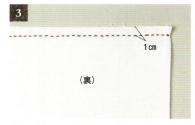

端から端までを縫う。縫い始めと縫い終わりの糸始末は P.51 参照。

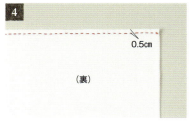

縫い代を0.5cmにカットする。

印をつけます

表に返して縫い代を整え、全体をアイロンで軽くおさえる。

縦と横、それぞれに二つ折りにして中心を決める。

まずは案内線を引く。中心から長さを測り、縦と横、外側の縫い線に印をつける（長さは図案によって調整。ここでは15cm）。

1マス1cmの方眼線を引く。マス目の大きさは、ふきんので き上がりサイズや図案に合わせて調整する。

直径2cmのサークルプレート（厚紙で代用可）を使って、半円を上下交互に描いていく。同一方向のラインをすべて描く。

布を90度回転させ、残りのラインを描く。半円を一気に描くのではなく、プレートを半分ずつずらしながら描くのがポイント。

刺し子をします

印つけが終わったところ。

はじめに外側の四辺を刺す（刺し始めと刺し終わりはP.52参照）。角の形がきちんと出るよう、角ごとに針を入れる（P.53参照）。

刺すときは一筆書きの容量で。2〜3針ごとに針を出し、そのつど糸をしごいて針目を整える。布を伸ばさないように注意。

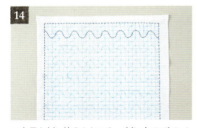

1本目を刺し終えたところ。刺し方のポイント（P.53）を参照し、交点が重ならないように針目を調整しながら刺す。

横のラインをすべて刺し終えたところ。

\Point /

同様に縦のラインをすべて刺す。このとき、縦と横の交点を少しあけて刺すと、仕上がりがきれい。

Lesson 2　一目刺し（P.12）のポイント

※写真内の ←上マークは図案の上方向を示します。

縦、横、斜め、それぞれの針目が交わることで模様を構成する「一目刺し」は、一定の長さの針目で規則的に刺していくのが特徴。ここではP.12の「一目刺しのふきん」を例に、一目刺しのコツを紹介します。実際に刺すときは、上下交互に布を回転させながら、右から左へと刺し進めます。糸が長く渡るときは、2枚の布の間に針を通します。

実物大図案はP.64

P.64を参照し、0.5cm間隔のドット（または方眼）を描く。十字に刺す部分には、別の色で印をつけておくとわかりやすい。

刺し始めの2.5マスほど手前から針を入れ、ドットの中心から針を出す。ふきんの場合は2枚の布の間に針を通す。

2に針を入れ、1針すくって中に渡った糸を固定してから糸端を切る。4に針を入れ、2枚の布の間に針を通して次の段の5へ。

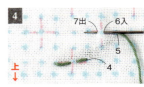

次の段も同様に刺す。十字の両端はドットの中心に針を入れ、交点はドット1つ分をあけて刺すのがコツ。

次の段へ移動するときも、2枚の布の間に針を通す。

横のラインをすべて刺し終えたところ。

裏に返して糸始末をする。1に針を入れ、布を1枚だけすくって2から針を出す。3～4の順に返し縫いをし、最後にもう1針返して糸を切る。

同様に縦のラインをすべて刺す。途中で糸が足りなくなった場合は、左右どちらかの端で糸始末をする。

斜めに刺して十字をつないでいく。刺し始めより1つ手前の印から針を入れ、刺し始めのドットの中心から針を出す。

印に沿って1目おきに2枚一緒に刺す。このとき、中に渡った糸も一緒にすくって固定する。

同一方向のラインをすべて刺し終えたところ。

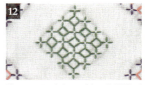

残りのラインをすべて刺せば、模様が1つ完成。P.64の図案を参照して、2色刺しにもぜひチャレンジを。

Lesson 3 　くぐり刺し(P.16)のポイント

※写真内の ←上 マークは図案の上方向を示します。

ここではベースとなる針目に上下交互に糸をくぐらせていく方法をご紹介。糸をくぐらせる際は、糸の重なり方に注意して順番を考えます。また、途中で糸継ぎができないので、糸は十分な長さを用意して。針先で糸を割らないよう、針穴側から通すのもポイントです。

実物大図案は P.67

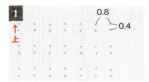

1 P.67を参照し、ベースとなる針目の位置に印をつける。

2 玉結びをして刺し始める。針目が1目おきになるように、印に沿って右から左へと刺し進める。

3 次の段に移動するときは、最後の印(1)に針を入れ、次の段の1つ目の印(2)から針を出す。

4 2段目を刺し終えたところ。同様に3段目も続けて刺す。

5 ベースの針目を刺し終えたところ。針目がきつくならないように、糸は引きすぎず、ゆったりと刺すのがコツ。

6 糸の色を替え、玉結びをして、最初にくぐらせる針目より針1本分外側から針を出す。

7 ベースの針目に針穴側からくぐらせる。

8 左斜め上の針目に糸をくぐらせる。糸がゆるくなりすぎたり、つれたりしないよう、糸の引き加減に注意して。

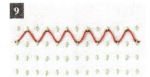

9 端まで通し終えたら、刺し始めと同様にベースの針目より針1本分外側に針を入れ、裏で玉どめをする。

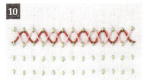

10 糸の色を替え、同様に糸をくぐらせる。2本目を通し終えたところ。

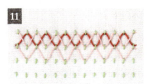

11 3本目を通し終えたところ。

12 すべての糸を通し終えたら完成!

HOW TO MAKE

- 布や糸は、メーカーと商品名、色、品番または色番号、寸法または糸の本数の順で表記しています。
  特に指定がない場合は、好みの材料を使いましょう。
- 布の用尺は、指定の場合をのぞき、幅×長さの順で実際の寸法か、それより多めに表記しています。
- 図中の数字で、特に指定のない場合の単位はcmです。
- でき上がりサイズはおおよその寸法です。図案を写す際に誤差が生じたり、
  縫い縮みなどにより、必ずしもその通りに仕上がらない場合があります。

【図案の見方】
- 図案内の細実線（方眼など）は案内線です。必要に応じて、布に案内線を引いてから図案を写します。
- 図案はすべて実物大です。同じ模様を繰り返して刺す場合は図案が省略されているので、
  「中心」や「中央」の印を起点に、図案を左右または上下対称に写します。
- 図案を写す際、使用する布の幅や作りたい作品の大きさに合わせて配置を調整しましょう。
  市販の方眼紙を使用する場合、希望のサイズの方眼紙がない場合は、製図をしたあとに、
  作りたい作品のでき上がりサイズに合わせて、拡大または縮小コピーをしてもよいでしょう。

⟵————● ① 図案内の矢印と数字は、刺す順番と方向を表しています。
　　　　　　●は刺し始めの位置を示します。

　　　　　　線が続いていないところは、布の裏側に糸を渡します
　　　　　　（ふきんの場合は2枚の布の間に針を通します）。

- 矢印の方向は目安です。ご自分の刺しやすい手順で針を進めましょう。

籠目のふきん P.6　実物大図案 P.60

材料

布…オリムパスさらしもめん（H-1000）　約 34×70cm
糸…オリムパス刺し子糸　青（27）、
　　グレー（28）／各1本どり

でき上がりサイズ…縦 34× 横 34cm

千鳥つなぎのふきん P.7　実物大図案 P.61

材料

布…オリムパスさらしもめん（H-1000）　約 34×70cm
糸…オリムパス刺し子糸　紺（11）／1本どり

でき上がりサイズ…縦 34× 横 34cm

霞亀甲のふきん P.8　実物大図案 P.62

材料

布…オリムパス刺し子もめん
　　茶（H-8500）　約 33×70cm
糸…オリムパス刺し子糸　生成（2）／1本どり

でき上がりサイズ…縦 33× 横 33cm

つづき山形のふきん P.10　実物大図案 P.63

材料

布…オリムパス刺し子もめん
　　生成り（H-6000）　約 33×70cm
糸…オリムパス刺し子糸　青（9）、紺（11）／各1本どり

でき上がりサイズ…縦 33× 横 33cm

一目刺しのふきん P.12　実物大図案 P.64

材料

布…オリムパスさらしもめん（H-1000）　約 34×70cm
糸…オリムパス刺し子糸　緑（7）、ピンク（13）、
　　紫（19）／各1本どり

でき上がりサイズ…縦 34× 横 34cm

一目刺しとくぐり刺しのふきん P.14　実物大図案 P.65

材料

布…オリムパスさらしもめん（H-1000）　約 34×70cm
糸…オリムパス刺し子糸　オレンジ（4）、黄（5）、
　　緑（7）／各1本どり

でき上がりサイズ…縦 34× 横 34cm

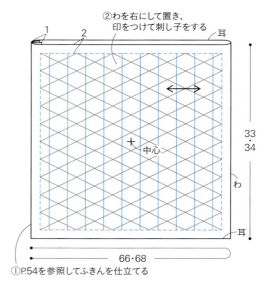

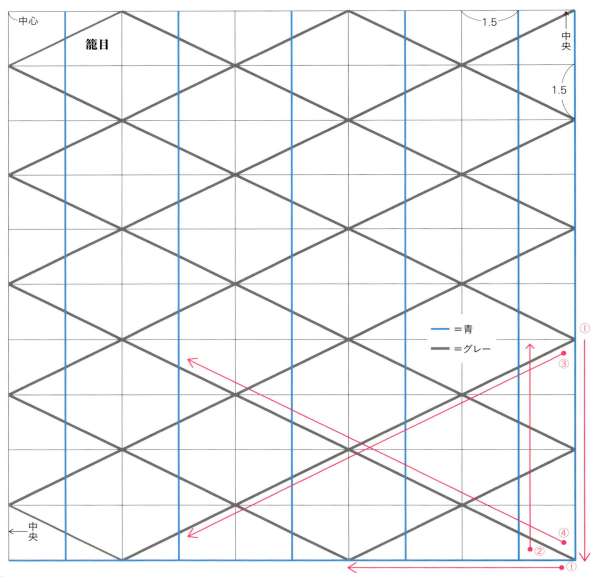

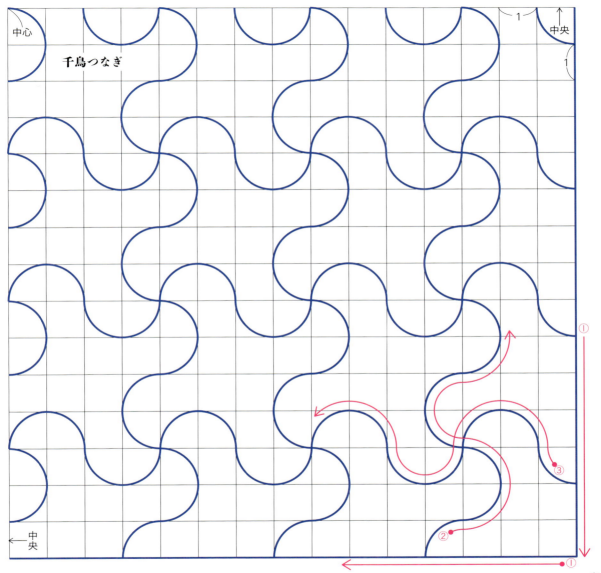

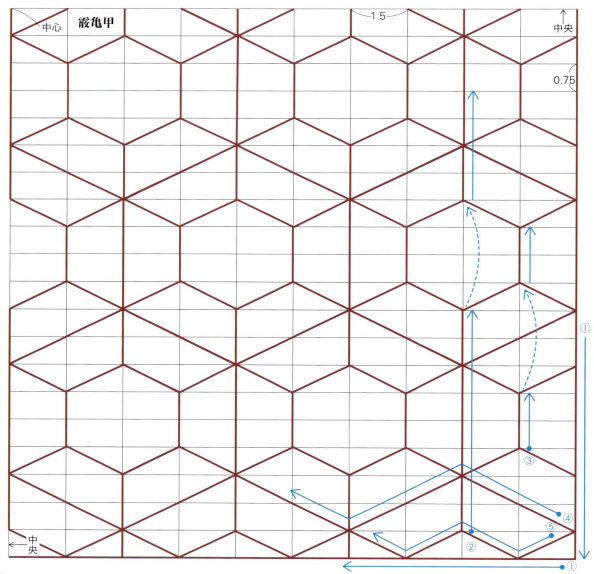

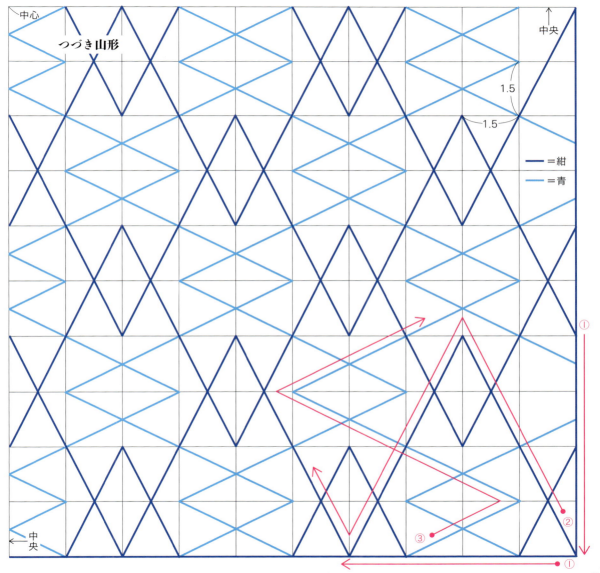

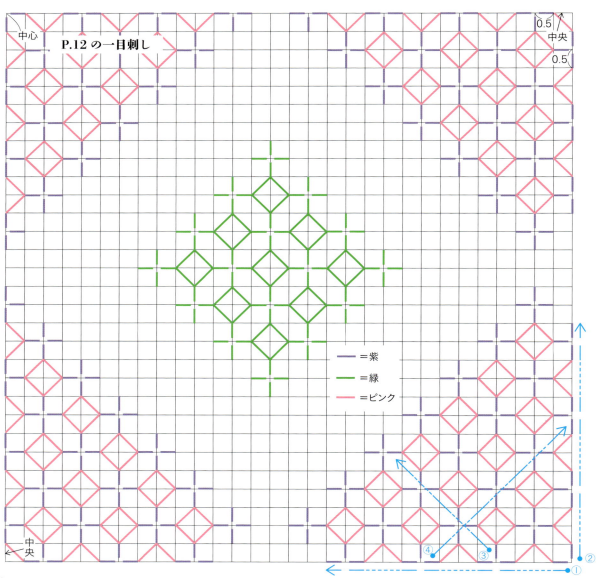

P.14の一目刺しとくぐり刺し

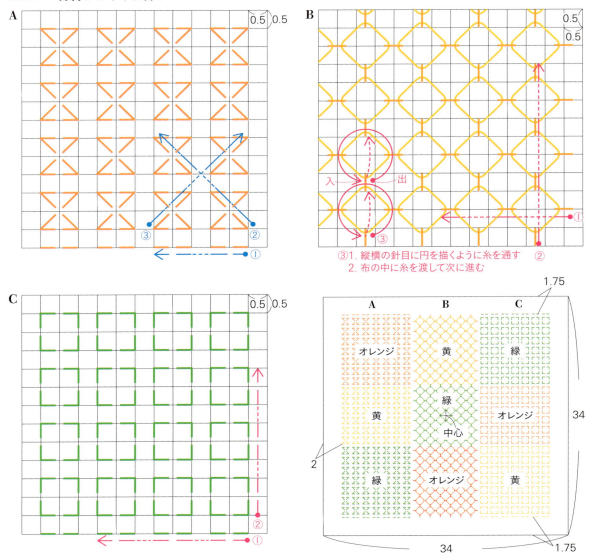

③1. 縦横の針目に円を描くように糸を通す
2. 布の中に糸を渡して次に進む

くぐり刺しのニードルケース P.16

材料

布…表布　藍染めの木綿　45×14cm、
　　裏布　淡ブルーの木綿　17×14cm、ブルーのフェルト　12×10cm
糸…オリムパス刺し子糸　黄緑（6）、濃ピンク（12）、
　　ピンク（13）、淡ピンク（14）／各1本どり
くるみボタン…直径1.3cm　1個

でき上がりサイズ（開いた状態）…縦12×横17cm

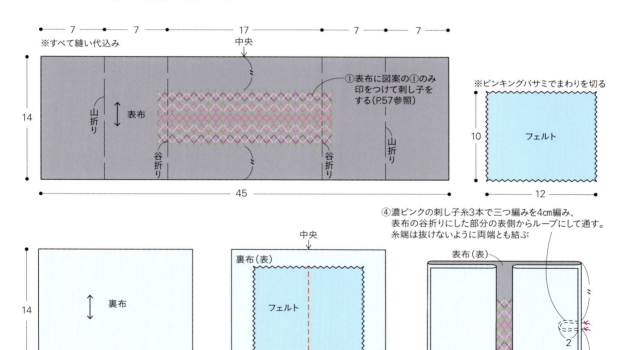

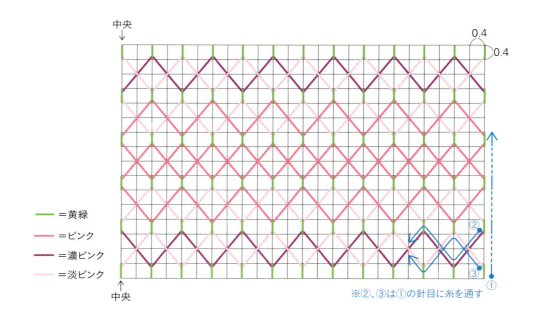

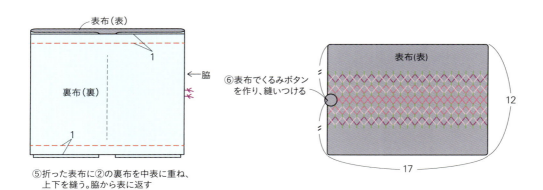

段つなぎのポーチ　P.18

材料

布…表布　綿麻キャンバス地（生成り）　a 18×26cm、b 24×36cm
　　裏布　無地の木綿　a 紺 18×26cm、b 赤 24×36cm
糸…本舗 飛騨さしこ
　　a 藍色（15）、グレー（23）／各2本どり
　　b グレー（23）、レンガ色（45）／各2本どり
キルト芯…a 18×26cm、b 24×36cm
シルクスナップ…a 直径1.4cm、b 直径1.7cm　各1組

でき上がりサイズ…a 縦9×横15cm、b 縦13×横21cm

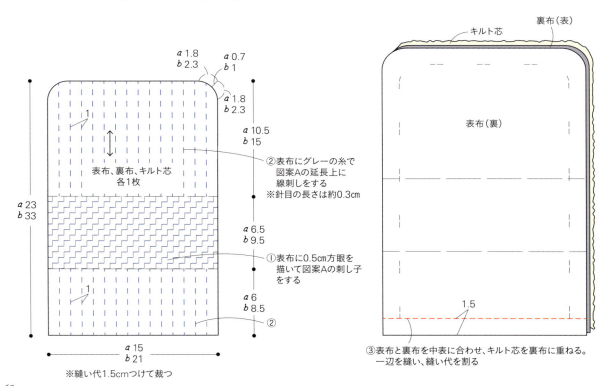

図案A ※bは方眼を指定の面積分足して、同様に図案を描く

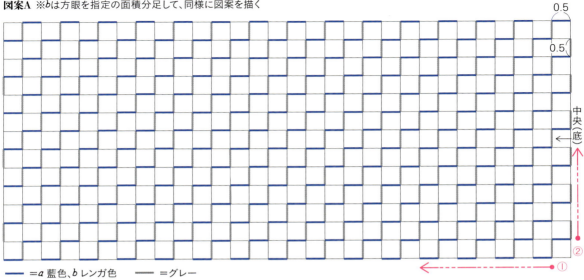

― =a 藍色、b レンガ色　　― =グレー

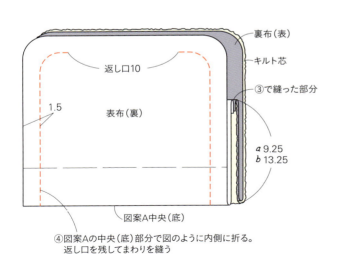

④図案Aの中央(底)部分で図のように内側に折る。
　返し口を残してまわりを縫う

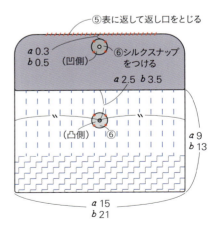

直線刺しのポットマット　P.20

材料

布…表布
- *a* 藍染めの木綿（紺藍）　12×12cm、（浅葱色）10×12cm、オリムパスあづみ野木綿（生成・71）14×10cm、（臙脂・113）8×10cm
- *b* 藍染めの木綿（紺藍）　14.5×8.5cm、（納戸）8×18.5cm、（浅葱色）13.5×7cm、オリムパスあづみ野木綿（生成・71）10×11cm、（鼠色・91）8×11cm

裏布　藍染めの木綿（紺藍）　*a* 19×19cm、*b* 20×20cm
糸…DMC25番刺しゅう糸　紺（939）／6本どり
キルト芯…*a* 40×20cm、*b* 42×21cm

でき上がりサイズ…*a* 縦16×横16cm、*b* 直径17cm

a　表布　※表布・裏布は縫い代1.5cmつけて裁つ
　　　　　　キルト芯は縫い代2cmつけて裁つ

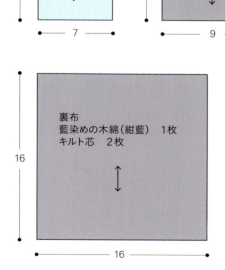

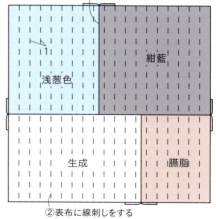

①表布を縫い合わせ縫い代を割る

②表布に線刺しをする
※針目の長さは約0.3cm

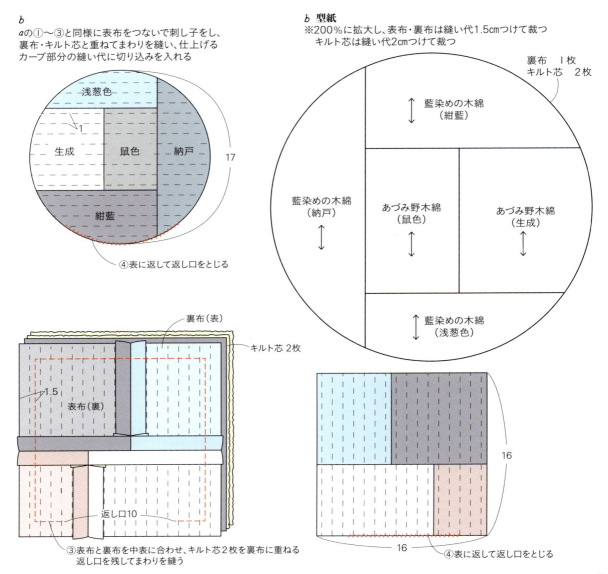

花十字刺しの針山　P.22

材料
布…好みの木綿（格子や縞、水玉など）　11×11㎝
刺し子糸…ダルマ刺し子糸〈細〉　生成り（2）／2本どり
　　　　※aは糸を藍染めにして使用
わた…適宜
木製カップ…内径4㎝

でき上がりサイズ（木製カップを除く）…直径約4㎝

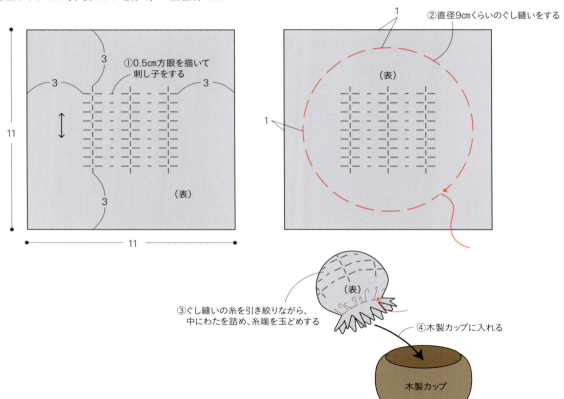

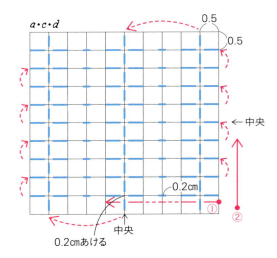

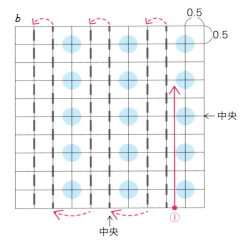

※模様の間に直線刺しを
　ランダムに刺す
※針目は約0.3cm

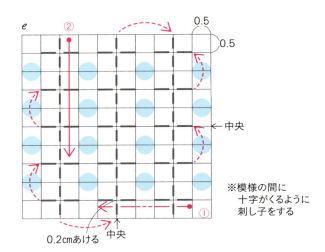

※模様の間に
　十字がくるように
　刺し子をする

一目刺しのサンプラー　P.24

材料
布…生成りの木綿　32×25.5㎝
糸…ダルマ家庭糸＜太口＞　赤／1本どり

でき上がりサイズ（刺し子部分）…縦19.5×横26㎝

①余白を3㎝残して全体に0.5㎝方眼を描く
②図案ごとに0.5㎝あけて指定の位置に刺す

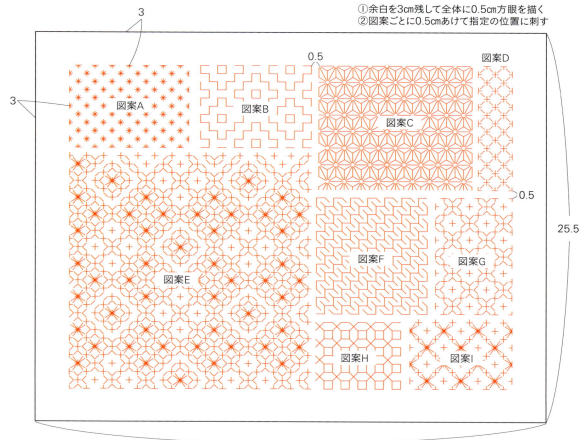

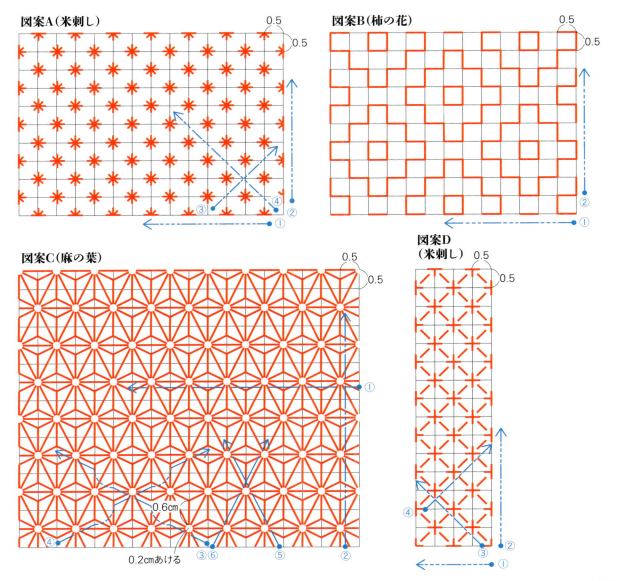

図案E（十字花刺しのアレンジ）

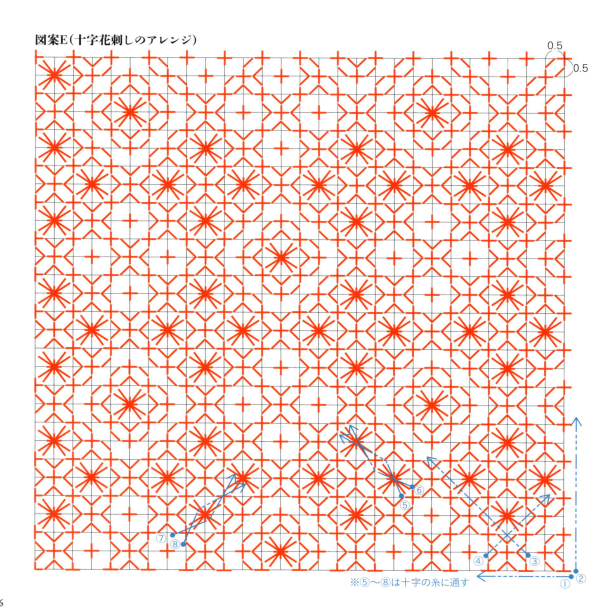

※⑤〜⑧は十字の糸に通す

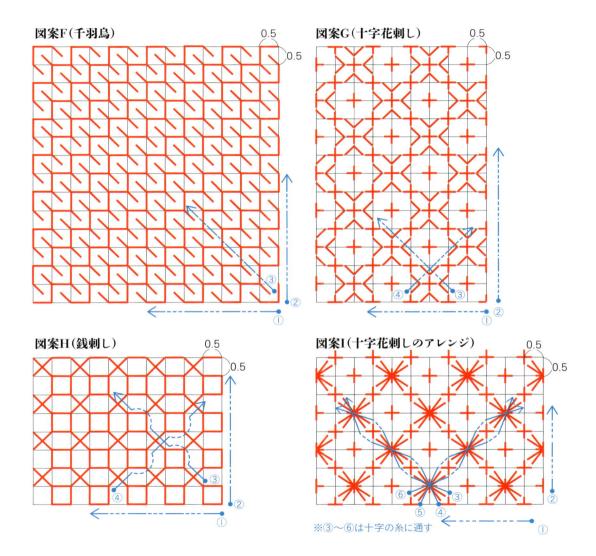

一目刺しのコースター　P.26

材料
布…ベージュの綿麻布　26×13cm
糸…a 小鳥屋商店オリジナル刺し子糸　こげ茶 (12)
　　b 小鳥屋商店オリジナル刺し子糸　赤 (20)
　　c ダルマ家庭糸＜太口＞　濃藍 (34)
　　d 小鳥屋商店オリジナル刺し子糸　緑 (11)
　　e 小鳥屋商店オリジナル刺し子糸　鯖朱 (9)・薄茶 (19)
　　f 小鳥屋商店オリジナル刺し子糸　薄茶 (19) ／各1本どり
キルト芯…11×11cm

でき上がりサイズ…各縦10.5×横10.5cm

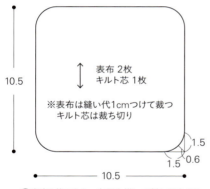
①表布1枚に0.5cm方眼を描いて刺し子をする
（模様の出方に注意しながら配置する）

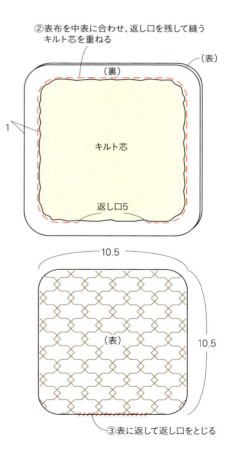

※a・b・d・e実物大図案はP.80-81参照
※cの実物大図案はP.75参照

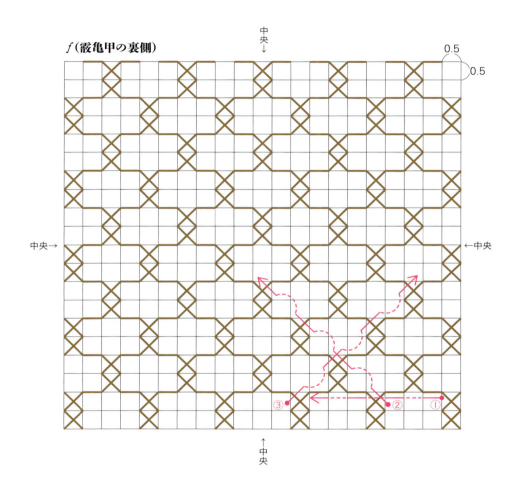

a（千羽鳥）

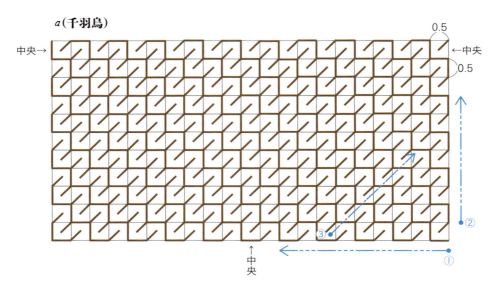

b（銭刺し）

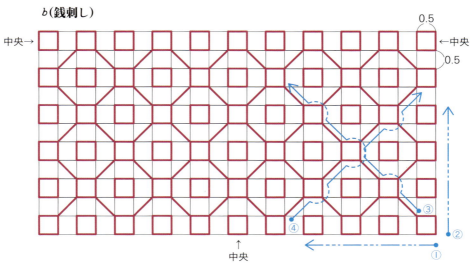

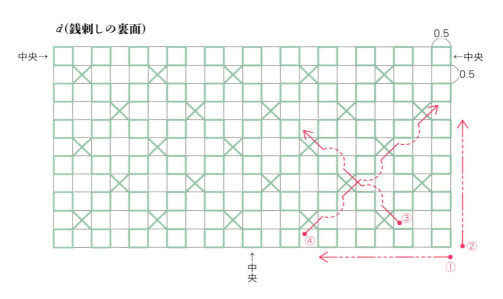

d（銭刺しの裏面）

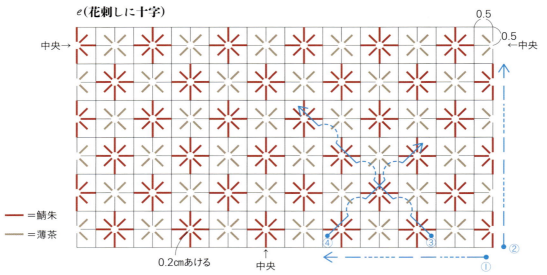

e（花刺しに十字）

― ＝鯖朱
― ＝薄茶

0.2cmあける

十字花刺しのスタイとハンカチ P.28

材料

ハンカチ
布…表布 晒し木綿 23×46cm
　　裏布 水色のガーゼ 23×23cm

スタイ
布…表布 晒し木綿 25×60cm
　　裏布 水色のダブルガーゼ 25×30cm
接着芯…25×30cm
スナップボタン（白）…直径1.3cm 1組、凹側 1個

共通
糸…ホビーラホビーレ刺し子糸
　　濃ブルー（113）、黄（115）／各1本どり

でき上がりサイズ… ハンカチ 縦21×横21cm
　　　　　　　　　スタイ 縦26×横19cm

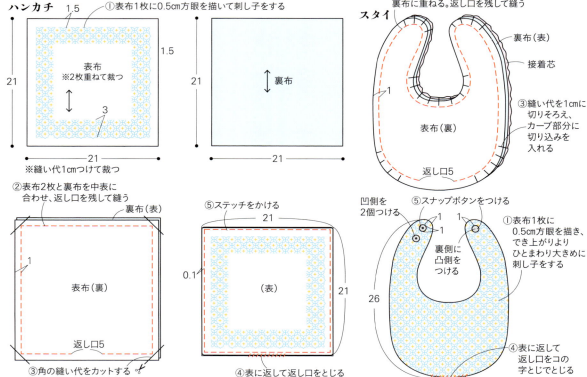

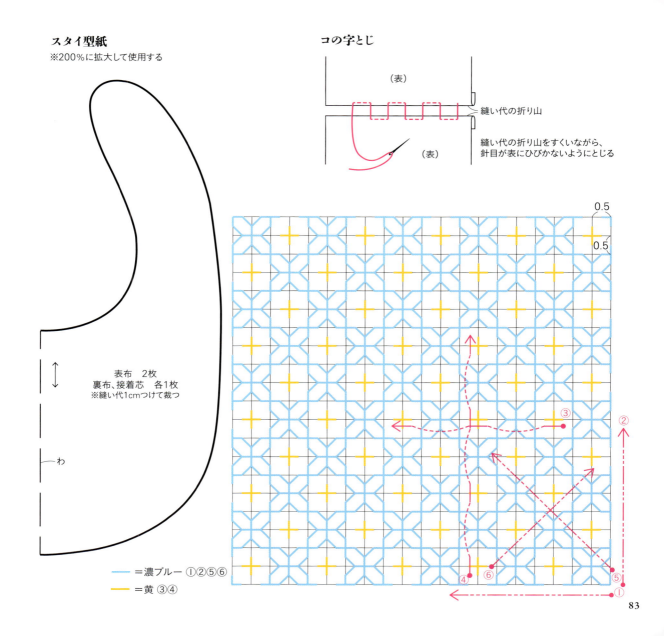

アレンジ刺しのくるみボタン　P.30

材料
布…晒し木綿　各18×9cm
糸…*a* オリムパス刺し子糸 からし色（5）、青（9）、グレー（28）
　　b ホビーラホビーレ刺し子糸 チェリーピンク（116）、
　　　 パープル（112）、黄（115）
　　c オリムパス刺し子糸 白（2）、青（9）、グレー（28）、
　　　 ピンク（14）
　　d ホビーラホビーレ刺し子糸 黄（115）、濃ブルー（113）、
　　　 黄緑（114）
　　e オリムパス刺し子糸 からし色（5）、生成（2）、緑（7）
　　f オリムパス刺し子糸 生成（2）、からし色（5）、青（9）
　　／各1本どり
グレーのフェルト…各5×5cm
くるみボタン…
　　　直径4cm（キットの場合は皿部分のみ使用）　適宜

でき上がりサイズ…各直径約4cm

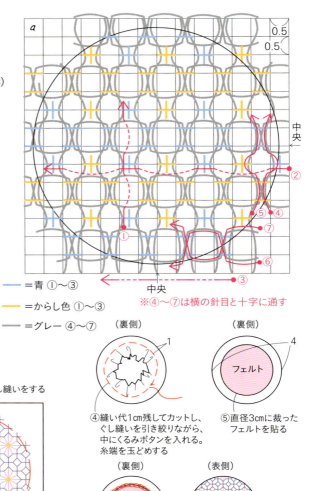

― ＝青 ①〜③
― ＝からし色 ①〜③
― ＝グレー ④〜⑦

※④〜⑦は横の針目と十字に通す

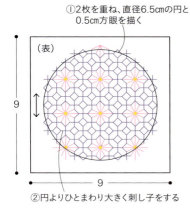

①2枚を重ね、直径6.5cmの円と0.5cm方眼を描く
②円よりひとまわり大きく刺し子をする

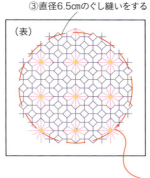

③直径6.5cmのぐし縫いをする

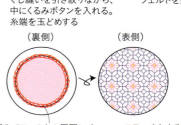

④縫い代1cm残してカットし、ぐし縫いを引き絞りながら、中にくるみボタンを入れる。糸端を玉どめする

⑤直径3cmに裁ったフェルトを貼る

⑥好みでフェルトの周囲にチェーン・ステッチをする
（*a*からし色、*b*チェリーピンク、*c*青、*d*濃ブルー、*e*緑、*f*生成）

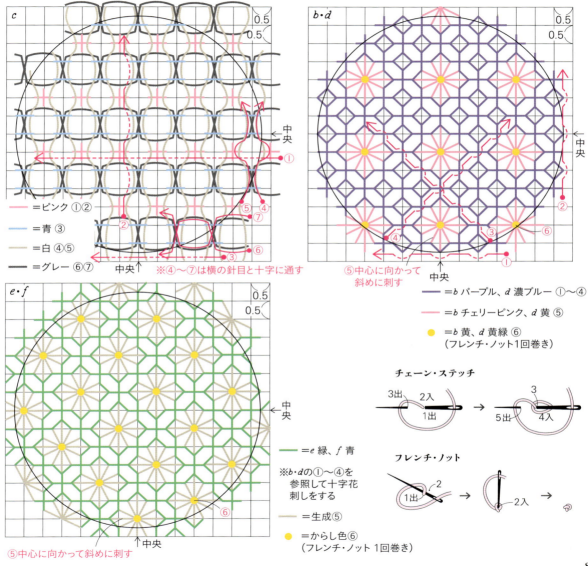

お花模様のミニハンカチ　P.32

材料

布…表布　晒し木綿　25×50cm
　　裏布　好みの色のダブルガーゼ　21×21cm
糸…a　ダルマ刺し子糸〈細〉　赤(16)、緑(5)
　　b　ホビーラホビーレ刺し子糸　アオ(123)、黄緑(114)
　　c　ホビーラホビーレ刺し子糸　黄(115)、グリーン(107)
　　d　ホビーラホビーレ刺し子糸
　　　　チェリーピンク(116)、グリーン(107)
　　e　ホビーラホビーレ刺し子糸　濃ブルー(113)、
　　　　小鳥屋商店オリジナル刺し子糸　若竹色(8)
　　f　小鳥屋商店オリジナル刺し子糸　黄土色(17)、
　　　　若竹色(8)
　　g　ホビーラホビーレ刺し子糸
　　　　濃ピンク(111)、黄緑(114)　／各1本どり

でき上がりサイズ…各縦20×横20cm

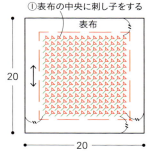

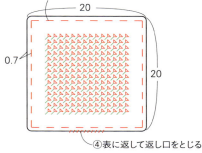

図案配色表

	A色 ——	B色 ——
a	赤	緑
b	アオ	黄緑
c	黄	グリーン
d	チェリーピンク	グリーン
e	濃ブルー	若竹色
f	黄土色	若竹色
g	濃ピンク	黄緑

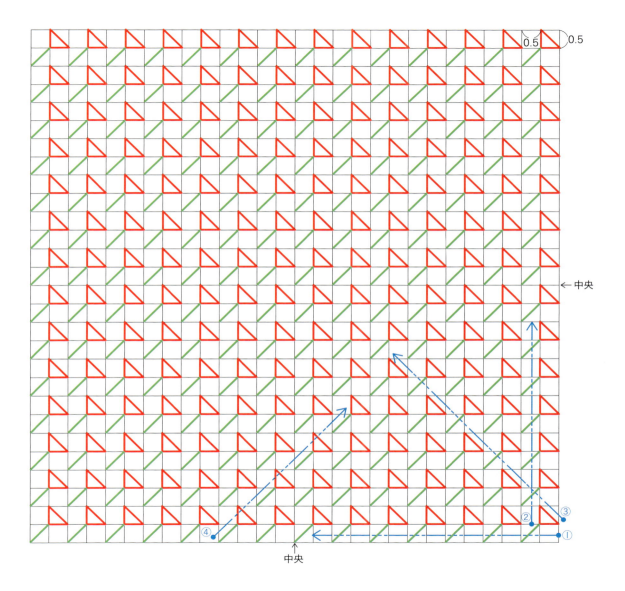

おうち模様のミニふきん　P.34　実物大図案 P.89

材料
布…晒し木綿　21×42cm
糸…ダルマ刺し子糸〈細〉　赤 (16)、緑 (5)
　　／各1本どり

でき上がりサイズ…各縦 20× 横 20cm

しましま模様のミニふきん　P.36　実物大図案 P.90

材料
布…晒し木綿　21×42cm
糸…ダルマ刺し子糸〈細〉　水色 (26)、瑠璃 (17)
　　／各1本どり

でき上がりサイズ…各縦 20× 横 20cm

くるくる模様のミニふきん　P.38　実物大図案 P.91

材料
布…晒し木綿　21×42cm
糸…ホビーラホビーレ刺し子糸　濃ピンク（111）、
　　パープル（112）／各1本どり

でき上がりサイズ…各縦20×横20cm

麻の葉のミニふきん　P.40　実物大図案 P.75

材料
布…晒し木綿　21×42cm
糸…a　ダルマ家庭糸〈細口〉　黒
　　b　ダルマ家庭糸〈太口〉　赤
　　c　ダルマ家庭糸〈太口〉　シルバー(52)
　　d　ダルマ家庭糸〈細口〉　赤
　　e　ダルマ家庭糸〈細口〉　白ねず（36）
　　／各1本どり

でき上がりサイズ…各縦20×横20cm

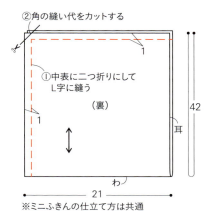
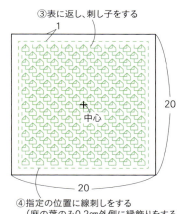
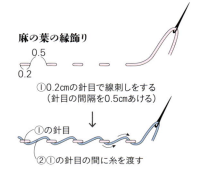

※ミニふきんの仕立て方は共通

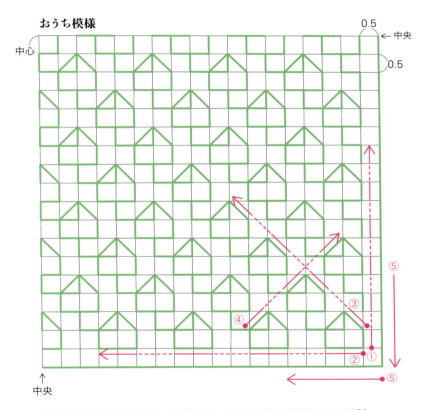

※図案部分を刺したら、0.5cm外側に0.2〜0.3cmの針目で線刺しをする(⑤)

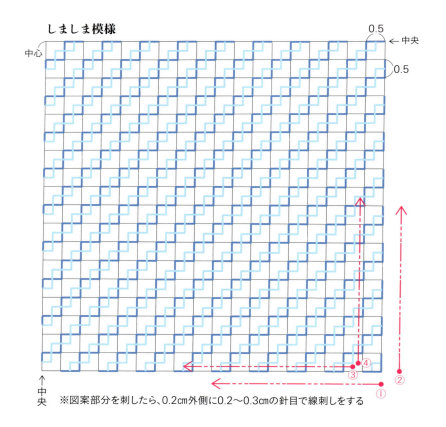

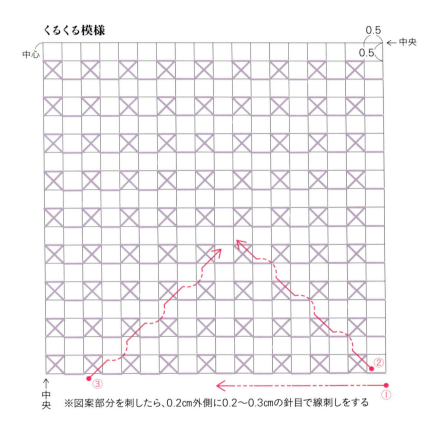

十字刺しのパッチワーククロス　P.42

材料

布…表布　好みの端切れ
　　　A 30×15cm、B 25×20cm、C 25×25cm、D 30×15cm、
　　　E 15×15cm、F 20×20cm、G 10×10cm
　　　裏布　ベージュのリネン　45×35cm
糸…小鳥屋商店オリジナル刺し子糸　赤（24）／1本どり
リネンテープ（赤）…2.5cm幅×7cm

でき上がりサイズ…縦 30× 横 42cm

ポーチ　P.43

材料

布…表布　好みの端切れ
　　　A 20×10cm、B 20×10cm、C 15×15cm、D 10×15cm、
　　　E 10×20cm、F 10×15cm、G 15×15cm
　　　裏布　赤系の綿麻布　20×30cm
糸…小鳥屋オリジナル刺し子糸　赤（24）／1本どり
ファスナー（赤）…長さ 14cm
リネンテープ（ベージュ）…1cm幅×13cm

でき上がりサイズ…縦 12× 横 15cm

巾着　P.43

材料

布…表布　好みの端切れ
　　　A 20×15cm、B 15×20cm、C 15×10cm、D 15×25cm、
　　　E 15×15cm、F 20×15cm、G 10×15cm、H 20×15cm
　　　裏布　ベージュのリネン　25×40cm
糸…小鳥屋商店オリジナル刺し子糸 細糸
　　　生成り（未晒し）／1本どり
丸ひも（こげ茶）…直径 0.2cm ×1.2m

でき上がりサイズ…縦 16.5× 横 22cm

パッチワーククロス

※表布は指定以外縫い代1cmつけて裁つ。裏布は縫い代1cmつけて裁つ
　表布はパッチワークと刺し子をしてから、周囲にジグザグミシンをかける

※刺し子をすると縫い縮みするので、表布は外側のみ縫い代を1.5cmつけて
　裁ち、刺し子後に再度印をつけて縫い代を1cmに切りそろえる

図案

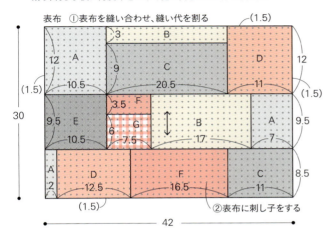

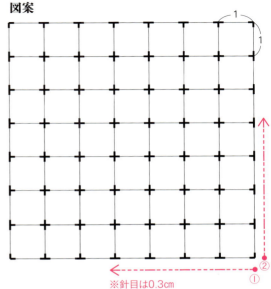

※針目は0.3cm

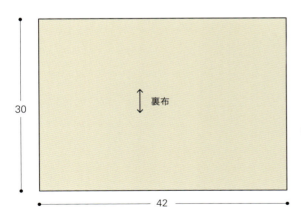

③表布と裏布を中表に合わせ、返し口を残して縫う
このとき、リネンテープを二つ折りにして間に挟む

④表に返して返し口をとじる

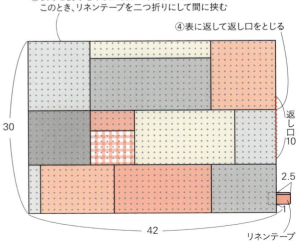

93

ポーチ

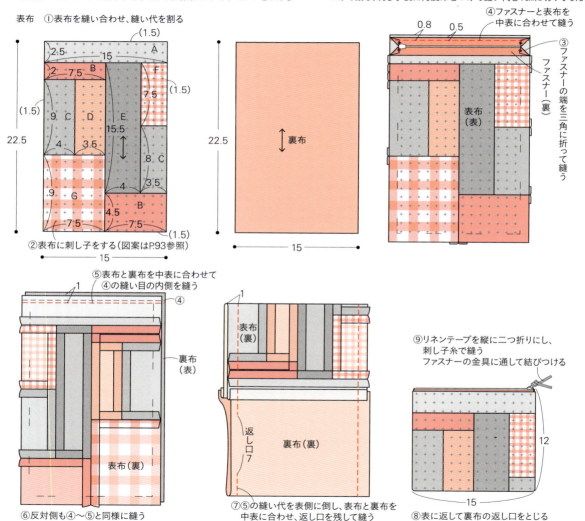

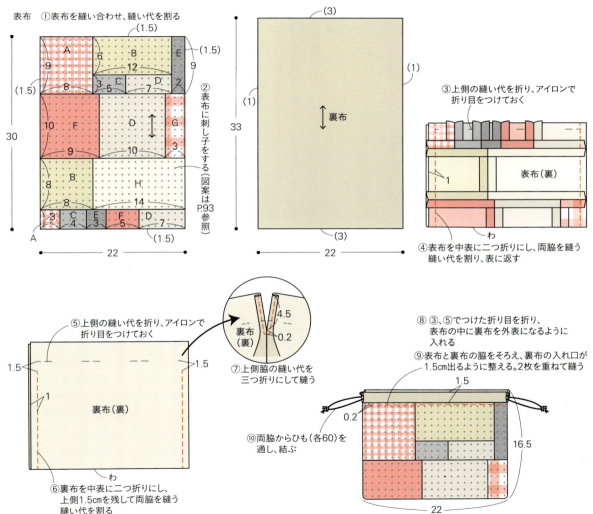

デザイン・制作

いからしさとみ（あさぎや）　https://www.asagiya5.com/
sashikonami　https://sashikonami.shopinfo.jp/
かとう じゅんこ（uchicosashico）　https://uchicosashico.amebaownd.com/
絢工房　http://www.aya-studio.com/
Maki（かもめ style）　https://www.instagram.com/kamomestyle1223/
飯塚咲季（カエルトープ・お針屋　岬絲）　https://kaeru-top.wixsite.com/kaeru

色であそぶ　糸であそぶ
刺し子の愉しみ

2019年5月10日　第1刷発行
2019年11月1日　第2刷発行

編　者　日本文芸社
発行者　吉田　芳史
印刷所　図書印刷株式会社
製本所　図書印刷株式会社
発行所　株式会社 日本文芸社
〒135-0001　東京都江東区毛利2-10-18 OCMビル
TEL 03-5638-1660（代表）

Printed in Japan　112190425-112191015 Ⓝ 02　(200013)
ISBN978-4-537-21683-7
URL https://www.nihonbungeisha.co.jp/
Ⓒ NIHONBUNGEISHA 2019

編集担当　吉村

印刷物のため、作品の色は実際と違って見えることがあります。ご了承ください。

本書の一部または全部をホームページに掲載したり、本書に掲載された作品を複製して店頭やネットショップなどで無断で販売することは、著作権法で禁じられています。

乱丁・落丁本などの不良品がありましたら、小社製作部宛にお送りください。送料小社負担にておとりかえいたします。

法律で認められた場合を除いて、本書からの複写・転載（電子化を含む）は禁じられています。また、代行業者等の第三者による電子データ化および電子書籍化は、いかなる場合も認められていません。

Staff

ブックデザイン　橘川幹子
撮影　蜂巣文香
　　　天野憲仁（株式会社日本文芸社）
作り方解説　田中利佳
トレース　八文字則子
編集　梶 謠子

材料・道具協力

有限会社小鳥屋商店
TEL：0577-34-0738
http://takayamaodoriya.web.fc2.com/

オリムパス製絲株式会社
TEL：052-931-6679
https://www.olympus-thread.com/

クロバー株式会社
TEL：06-6978-2277（お客様係）
https://clover.co.jp/

DMC／ディー・エム・シー株式会社
TEL：03-5296-7831
https://www.dmc.com

株式会社ホビーラホビーレ
TEL：0570-037-030
https://www.hobbyra-hobbyre.com

本舗 飛騨さしこ
TEL：0577-34-5345
http://www.hidanet.ne.jp/~sashiko/

横田株式会社
TEL：06-6251-2183
http://www.daruma-ito.co.jp/

撮影協力

UTUWA
TEL03-6447-0070

キトリ製作所
https://www.instagram.com/kitori_koya/